Dein Handeln beginnt beim Denken im Kopf!

1. Einführung in die Persönlichkeitsentwicklung
2. Verstehen des eigenen Selbstbildes
3. Identifizierung von Stärken und Schwächen
4. Überwindung von Ängsten und Unsicherheiten
5. Entwicklung von Selbstbewusstsein und Selbstvertrauen
6. Förderung der Empathie und sozialen Kompetenzen
7. Veränderung negativer Denkmuster und Gewohnheiten
8. Steigerung der emotionalen Intelligenz
9. Förderung von Dankbarkeit, positiver Einstellung und Achtsamkeit
10. Stressmanagement und Entspannungstechniken
11. Zeitmanagement und Priorisierung von Aufgaben
12. Verbesserung der zwischenmenschlichen Beziehungen
13. Kreativität und Selbstverwirklichung
14. Entwicklung von mentaler Stärke und Widerstandsfähigkeit
15. Bewältigung von Rückschlägen und Fehlern
16. Umsetzung erlernten Verhaltens in den Alltag und kontinuierlicher Weiterentwicklung

Kapitel 1: Einführung in die Persönlichkeitsentwicklung

Willkommen zu unserem Buch über Persönlichkeitsentwicklung! In diesem Kapitel werden wir einen Überblick über das Thema geben und uns mit den Grundlagen beschäftigen.
Persönlichkeitsentwicklung ist ein lebenslanger Prozess, bei dem wir uns selbst besser verstehen und uns weiterentwickeln, um unser volles Potenzial auszuschöpfen.
Es geht darum, sich seiner eigenen Gedanken, Gefühle und Verhaltensweisen bewusst zu werden, um eine positive Veränderung zu erreichen.
Dieser Prozess kann aus vielen verschiedenen Teilen bestehen, einschließlich Selbstreflexion, Kommunikation mit anderen, Lernen neuer Fähigkeiten und Überwindung von Herausforderungen.
Die Persönlichkeitsentwicklung ist jedoch keine einfache Aufgabe und erfordet Zeit, Anstrengung und Durchhaltevermögen.
In diesem Buch werden wir uns mit einigen der wichtigsten Aspekte der Persönlichkeitsentwicklung befassen und Dir praktische Tipps und Übungen anbieten, die Dich auf Deinem Weg unterstützen können.
Ob Du an Selbstbewusstsein arbeiten, Deine emotionalen Fähigkeiten verbessern oder Deine Denkmuster verändern möchtest, wir hoffen, dass Du in diesem Buch wertvolle Informationen finden wirst.

Also, fangen wir an!

Kapitel 2: Verstehen des eigenen Selbstbildes

In diesem Kapitel geht es darum, ein besseres Verständnis für Dein eigenes Selbstbild zu entwickeln. Dies ist ein wichtiger Schritt auf Deinem Weg zur Persönlichkeitsentwicklung, da es Dich dazu ermutigt, Deine Stärken und Schwächen zu erkennen und an ihnen zu arbeiten.

Ein Selbstbild ist die Art und Weise, wie Du Dich selbst wahrnimmst und wie Du Dich in Beziehung zu anderen siehst. Es enthält Deine Überzeugungen über Deine Fähigkeiten, Stärken und Schwächen sowie Deine Einstellungen und Überzeugungen über Dich selbst.

Es ist wichtig zu verstehen, dass Dein Selbstbild nicht immer mit der Realität übereinstimmt. Manchmal kann es verzerrt sein, was zu einer ungenauen Wahrnehmung Deiner selbst führen kann. Um Dein Selbstbild zu verbessern, ist es wichtig, dass Du ehrlich mit Dir selbst bist und Dich mit anderen Menschen umgibst, die Dich unterstützen und ermutigen.

Eine Möglichkeit, Dein Selbstbild zu verbessern, ist durch die Durchführung von Selbstreflexion. Nimm Dir Zeit, um über Deine Gedanken, Gefühle und Verhaltensweisen nachzudenken. Frage Dich, was Du über Dich selbst denkst und ob diese Überzeugungen realistisch sind. Überlege auch, wie Deine Vergangenheit Dein Selbstbild beeinflusst hat und was Du tun kannst, um negative Überzeugungen zu ändern.

Eine weitere Möglichkeit, Dein Selbstbild zu verbessern, ist durch das Erhalt von Feedback von anderen. Suche nach Menschen, denen Du vertraust und die Dich unterstützen, und frage sie, wie sie Dich wahrnehmen. Beachte jedoch, dass Du ausgewähltes Feedback bekommst, das Dir hilft, Dich selbst besser zu verstehen und nicht das, das Dich verletzen wird.

In Zusammenfassung ist es wichtig, dass Du ein klares Verständnis für Dein Selbstbild entwickelst, um Dich auf Deinem Weg zur Persönlichkeitsentwicklung voranzubringen. Indem Du ehrlich mit Dir selbst bist und Feedback von anderen erhältst, kannst Du Dein Selbstbild verbessern und mehr über Deine Stärken und Schwächen erfahren. Dies kann Dich dazu ermutigen, an Deiner Persönlichkeit zu arbeiten und Dich weiterzuentwickeln.

Zusätzlich kannst Du Dein Selbstbild auch durch positive Selbstgespräche verbessern. Statt negative Überzeugungen über Dich selbst zu wiederholen, kannst Du stattdessen positive Affirmationen nutzen. Sage Dir selbst, dass Du talentiert und fähig bist und dass Du Deine Ziele erreichen kannst.

Eine weitere Möglichkeit, Dein Selbstbild zu verbessern, ist durch den Aufbau von Selbstvertrauen. Probiere neue Dinge aus und feiere Deine Erfolge. Surrounde Dich mit positiven Menschen und vermeide Kontakt mit Personen, die Dich herunterziehen. Du kannst auch Übungen machen, die Dein Selbstbewusstsein stärken, wie zum Beispiel öffentliches Sprechen oder das Überwinden von Ängsten.

Schließlich ist es wichtig, Dein Selbstbild ständig zu überprüfen und zu verbessern. Dies kann bedeuten, dass Du Deine Überzeugungen über Dich selbst regelmäßig hinterfragst und aktiv arbeitest, um negative Überzeugungen zu ändern. Vergiss nicht, dass Veränderung ein Prozess ist und es Zeit braucht, um Dein Selbstbild zu verbessern. Aber mit Geduld, Durchhaltevermögen und Arbeit an Dir selbst kannst Du ein besseres Verständnis für Dein Selbstbild erreichen und Deine Persönlichkeitsentwicklung vorantreiben.

Zusammenfassend geht es im Kapitel "Verstehen des eigenen Selbstbildes" darum, ein besseres Verständnis für Dein eigenes Selbstbild zu entwickeln und es zu verbessern, um Deine Persönlichkeitsentwicklung voranzubringen. Indem Du ehrlich mit Dir selbst bist, Feedback von anderen erhältst, positive Selbstgespräche führst, Dein Selbstvertrauen aufbaust und Dein Selbstbild regelmäßig überprüfst, kannst Du Deine Persönlichkeit stärken und Deine Ziele erreichen.

Kapitel 3: Identifizierung von Stärken und Schwächen

Im Kapitel "Umgang mit negativen Emotionen" geht es darum, wie Du Deine emotionalen Reaktionen verstehen und bewältigen kannst, um Deine Persönlichkeitsentwicklung zu fördern.

Zunächst ist es wichtig, dass Du lernst, Deine Emotionen zu identifizieren und zu verstehen, warum Du bestimmte Reaktionen hast. Dies kann durch das Überwachen Deiner Gedanken und Gefühle erreicht werden.

Eine wichtige Technik, um mit negativen Emotionen umzugehen, ist das Üben von Achtsamkeit. Indem Du präsent und bewusst in der Gegenwart bist, kannst Du negative Gedankenmuster erkennen und verändern, bevor sie Dich überwältigen. Du kannst auch lernen, Deine Gedanken zu hinterfragen und zu verändern, um eine positivere Einstellung zu entwickeln.

Eine weitere Technik zum Umgang mit negativen Emotionen ist die Verwendung von Emotionsregulationstechniken, wie Atemübungen, Visualisierungen oder körperlicher Bewegung. Dies kann helfen, Deinen Körper und Geist zu beruhigen und negative Emotionen zu reduzieren.

Es ist auch wichtig, gesunde Wege zu finden, um mit Stress und Belastung umzugehen. Dies kann durch regelmäßige Bewegung, ausreichend Schlaf, eine gesunde Ernährung und soziale Interaktion erreicht werden. Es kann auch hilfreich sein, sich Unterstützung von Freunden, Familie oder einem Therapeuten zu holen, um bei der Bewältigung schwieriger Emotionen zu helfen.

Schließlich ist es wichtig, dass Du Dich selbst annimmst, auch wenn Du negative Emotionen erlebst. Verurteile Dich nicht für Deine Gefühle, sondern sei gütig und verständnisvoll zu Dir selbst. Indem Du Dich selbst unterstützt und annimmst, kannst Du Deine Emotionen besser bewältigen und Deine Persönlichkeitsentwicklung vorantreiben.

Zusammenfassend geht es im Kapitel "Umgang mit negativen Emotionen" darum, Deine Emotionen zu verstehen und zu bewältigen, um Deine Persönlichkeitsentwicklung zu fördern. Indem Du achtsam bist, Emotionsregulationstechniken nutzt, gesunde Wege findest, um mit Stressund Belastung umzugehen und Dich selbst annimmst, kannst Du negative Emotionen überwinden und eine positivere, stabilere und reifere Persönlichkeit entwickeln.

Im nächsten Kapitel werden wir uns damit beschäftigen, wie Du Deine Ziele und Träume klären und verfolgen kannst. Dies ist ein wichtiger Teil der Persönlichkeitsentwicklung, da es Dir hilft, klare und erreichbare Ziele zu haben und Deine Talente und Fähigkeiten zu nutzen. Wir werden auch besprechen, wie Du Hindernisse überwinden und Deine Ziele erreichen kannst, indem Du hart arbeitest, dich selbst motivierst und Unterstützung von anderen suchst.

So bleib dran, wir werden weiter über wichtige Aspekte der Persönlichkeitsentwicklung lernen und wachsen. Gemeinsam können wir uns zu einer besseren Version unserer selbst entwickeln.
Im vierten Kapitel geht es um das Überwinden von Ängsten und Unsicherheiten. Hier wirst Du lernen, wie Du Deine Ängste erkennen und bewältigen kannst, um Deine Persönlichkeitsentwicklung voranzutreiben.

Kapital 4: Überwindung von Ängsten und Unsicherheiten

Ängste und Unsicherheiten sind für viele Menschen ein täglicher Begleiter. Sie können uns davon abhalten, neue Herausforderungen zu meistern und uns vor Veränderungen zu fürchten. Doch wenn Du bereit bist, Deine Ängste zu überwinden, kannst Du große Fortschritte in Deiner Persönlichkeitsentwicklung erzielen.

Einer der ersten Schritte, um Deine Ängste zu überwinden, ist, sie zu erkennen. Oft sind wir uns unserer Ängste gar nicht bewusst und wissen nicht, wie sie uns beeinflussen. Durch die Reflektion Deiner Gedanken und Emotionen kannst Du lernen, welche Ängste Du hast und wie sie Dein Verhalten beeinflussen.

Wenn Du Deine Ängste erkannt hast, kannst Du anfangen, sie zu bewältigen. Eine Möglichkeit ist, sie mit kleinen Schritten zu bekämpfen. Du kannst beispielsweise Deine Ängste in kleineren Situationen aushalten, um Dich langsam an größere Herausforderungen zu gewöhnen. Eine andere Möglichkeit ist, mit einer Vertrauensperson über Deine Ängste zu sprechen und Lösungen zu finden.

Es ist auch wichtig, Deine negative Selbstrede zu überprüfen. Oft glauben wir an negative Überzeugungen, die uns davon abhalten, unsere Ängste zu überwinden. Durch eine positive und anerkennende Haltung gegenüber uns selbst und unseren Fähigkeiten kannst Du Deine Ängste abbauen.

Schließlich ist es hilfreich, eine Routine der Selbstpflege und Entspannung zu etablieren. Durch Meditation, Yoga oder andere Entspannungsübungen kannst Du Deinen Geist beruhigen und Deine Ängste reduzieren.

Also, bereite Dich darauf vor, Deine Ängste zu erkennen und zu bewältigen, um Deine Persönlichkeitsentwicklung zu fördern. Mit dem richtigen Werkzeug und der richtigen Einstellung kannst Du Deine Ängste überwinden und Dein volles Potenzial entfalten.

Kapitel 5: Entwicklung von Selbstbewusstsein und Selbstvertrauen

Wenn du dein Selbstbewusstsein und dein Selbstvertrauen aufbauen möchtest, ist es wichtig, dass du lernst, dich selbst zu akzeptieren und zu schätzen. Dies bedeutet, dass du deine Stärken und Schwächen anerkennen und akzeptieren musst, anstatt dich ständig zu vergleichen oder zu kritisieren. Du musst aufhören, dich selbst herabzusetzen und stattdessen anfangen, dich selbst zu ermutigen und zu loben.

Ein weiterer wichtiger Schritt auf dem Weg zu mehr Selbstbewusstsein und Selbstvertrauen ist, dass du dich um dich selbst kümmern musst. Dies bedeutet, dass du dich gut ernähren, ausreichend schlafen und regelmäßig Sport treiben solltest, um deinen Körper und deinen Geist zu stärken. Es bedeutet auch, dass du dir Zeit für dich selbst nehmen musst, um zu entspannen und zu regenerieren.

Ein weiterer wichtiger Schritt auf dem Weg zu mehr Selbstbewusstsein und Selbstvertrauen ist, dass du dich auf deine Ziele und Träume konzentrieren musst. Stelle dir vor, wie es sich anfühlen wird, wenn du deine Ziele erreicht hast, und arbeite jeden Tag daran, sie zu verwirklichen. Überwinde deine Ängste und Unsicherheiten und traue dich, neue Herausforderungen anzunehmen.

Schließlich ist es wichtig, dass du dich um positive Beziehungen bemühst. Umgib dich mit Menschen, die dich unterstützen und ermutigen, anstatt dich zu kritisieren oder zu verletzen. Stärke deine Beziehungen zu deinen Freunden und deiner Familie und suche dir Mentoren, die dich auf deinem Weg zu mehr Selbstbewusstsein und Selbstvertrauen unterstützen können.

Mit diesen Schritten kannst du dein Selbstbewusstsein und dein Selbstvertrauen aufbauen und deine Persönlichkeit entwickeln. Du wirst dich stärker und selbstsicherer fühlen und bereit sein, die Herausforderungen des Lebens anzunehmen.

Kapitel 6: Förderungen der Empathie und sozialen Kompetenzen

Was ist Empathie und warum ist sie wichtig für deine soziale Kompetenz?

Empathie ist die Fähigkeit, die Gefühle und Perspektiven anderer Menschen nachzuvollziehen und zu verstehen. Es ist ein wichtiger Bestandteil deiner emotionalen Intelligenz und hilft dir, bessere Beziehungen zu anderen aufzubauen und Konflikte zu lösen. Indem du die Gefühle anderer verstehst und wertschätzt, kannst du auch deine soziale Kompetenz verbessern und mehr Verständnis und Mitgefühl für andere zeigen.

Wie kannst du deine Empathie-Fähigkeiten verbessern?

Empathie kann durch Übung und Bewusstsein verbessert werden. Hier sind ein paar Tipps, die dir helfen können:

- Hör aufmerksam zu: Wenn du mit jemandem sprichst, gib dieser Person deine volle Aufmerksamkeit und versuch, ihre Perspektive zu verstehen.
- Übe dich in Empathie: Versuche, dich in die Lage anderer zu versetzen und ihre Gefühle nachzuvollziehen. Überlege, wie du dich in einer ähnlichen Situation fühlen würdest.
- Frage nach: Wenn du nicht sicher bist, wie jemand sich fühlt, frag einfach nach. Zeige Interesse an den Gefühlen und Bedürfnissen anderer.
- Übe Verständnis: Versuche, das Verhalten anderer zu verstehen, auch wenn es dir nicht unbedingt vertraut erscheint.

Wie kannst du deine soziale Kompetenz verbessern?

Neben Empathie gibt es noch viele andere Faktoren, die zur Verbesserung deiner sozialen Kompetenz beitragen können:

- Kommunikation: Übe gute Kommunikationsfähigkeiten, indem du klare und eindeutige Botschaften übermittelst und aktiv zuhörst.
- Selbstbewusstsein: Arbeite an deinem Selbstbewusstsein, indem du deine Stärken und Schwächen erkennst und akzeptierst.
- Selbstreflexion: Überprüfe regelmäßig dein Verhalten und deine Gedanken, um herauszufinden, was du verbessern kannst.

- Flexibilität: Sei bereit, dich auf Veränderungen einzulassen und dich an neue Situationen anzupassen.

Übungen zur Förderung der Empathie:

- Übung 1: Bitte einen Freund oder eine Freundin, dir von einem schwierigen Erlebnis zu erzählen. Höre aufmerksam zu und versuche, dich in ihre Gefühle hineinzuversetzen. Frage nach Details und zeige Verständnis für das, was sie durchgemacht haben.
- Übung 2: Trage ein Tagebuch über deine eigenen Gefühle und Gedanken. Versuche, dich in die Gefühle und Perspektiven anderer Menschen hineinzuversetzen, indem du dir vorstellst, wie du in ihrer Situation reagieren würdest.
- Übung 3: Mach dich auf den Weg in deine Stadt oder deinen Ort und beobachte die Menschen. Versuche, ihre Körpersprache und Verhaltensweisen zu interpretieren und zu verstehen, warum sie so handeln.

Soziale Kompetenz-Übungen:

- Übung 1: Übe aktives Zuhören, indem du in einer Gruppenkonversation aktiv beteiligt bist. Stelle Fragen und gib Feedback, um eine positive Interaktion zu fördern.
- Übung 2: Arbeite an deiner Körpersprache und deinem Verhalten, indem du dich selbst beobachtest und Veränderungen vornimmst. Stelle sicher, dass du offen und einladend wirkst.
- Übung 3: Übe die Kunst des Small Talks, indem du mit fremden Menschen in Kontakt trittst und Konversationen anfängst.

Empathie und soziale Kompetenz sind wichtige Fähigkeiten, die helfen können, bessere Beziehungen zu anderen aufzubauen und Konflikte zu lösen. Diese Fähigkeiten können durch Übung und Bewusstsein verbessert werden und können auch in Schulen und Gemeinschaften gefördert werden. Durch die Förderung von Empathie und sozialer Kompetenz kann eine positive und inklusive Gemeinschaft aufgebaut werden.

Kapitel 7: Veränderungen negativer Denkmuster und Gewohnheiten

Du hast bestimmt schon bemerkt, dass negative Denkmuster und Gewohnheiten oft hartnäckig sind und sich schwer verändern lassen. Aber es ist wichtig zu wissen, dass es möglich ist, sie zu überwinden und positive Veränderungen in Deinem Leben herbeizuführen. Hier sind ein paar Tipps, die Du anwenden kannst, um Deine negativen Denkmuster und Gewohnheiten zu verändern:

1. Bewusstsein schaffen: Das erste, was Du tun musst, ist, Dich bewusst Deiner negativen Denkmuster und Gewohnheiten bewusst zu werden. Häufig laufen diese Automatismen unbewusst ab, aber indem Du sie bewusst wahrnimmst, kannst Du beginnen, sie zu verändern.

2. Hinterfrage Deine Gedanken: Sobald Du Dich Deiner negativen Denkmuster bewusst geworden bist, ist es wichtig, sie zu hinterfragen. Stelle Fragen wie "Ist das wirklich wahr?" oder "Gibt es eine andere Perspektive, aus der ich das betrachten kann?" Dadurch kannst Du Deine Gedanken relativieren und Dich von ihnen befreien.

3. Positive Gedanken entwickeln: Statt Deine negativen Gedanken zu verstärken, ist es wichtig, positive Gedanken zu entwickeln. Suche nach positiven Aspekten in Deinem Leben und konzentriere Dich auf das, was Du hast, anstatt auf das, was Du nicht hast.

4. Verändere Deine Handlungen: Negative Denkmuster und Gewohnheiten sind oft eng mit bestimmten Handlungen verbunden. Wenn Du Deine Handlungen veränderst, kannst Du auch Deine Gedanken und Gewohnheiten verändern.

5. Übe Dankbarkeit: Dankbarkeit ist ein mächtiger Werkzeug, um negative Gedanken und Gewohnheiten zu verändern. Übe jeden Tag Dankbarkeit für die kleinen Dinge im Leben.

6. Surrounde Dich mit positiven Menschen: Umgebe Dich mit Menschen, die positive Energie ausstrahlen und die Dich unterstützen. Verbringe Zeit mit Freunden und Familie und tue Dinge, die Dich glücklich machen.

7. Finde eine Inspiration: Finde jemanden oder etwas, das Dich inspiriert und motiviert, positiv zu denken und Dich weiterzuentwickeln. Dies kann ein Freund,

ein Mentor oder auch ein besonderes Buch oder ein Film sein. Lass Dich von ihnen inspirieren und lerne von ihnen.

8. Arbeite an Deinem Selbstbewusstsein: Oft sind negative Denkmuster und Gewohnheiten eng mit einem niedrigen Selbstbewusstsein verbunden. Indem Du an Deinem Selbstbewusstsein arbeitest und lernst, Dich selbst zu akzeptieren, kannst Du auch Deine negativen Denkmuster und Gewohnheiten überwinden.

9. Setze realistische Ziele: Wenn Du realistische Ziele setzt, die Du erreichen kannst, steigerst Du Dein Selbstbewusstsein und Dein Selbstwertgefühl. Es ist wichtig, dass Du Dich nicht überforderst, sondern kleine Schritte machst und Dich langsam, aber stetig verbesserst.

10. Verändere Dein Umfeld: Dein Umfeld kann einen großen Einfluss auf Deine Denkmuster und Gewohnheiten haben. Wenn Du in einer Umgebung bist, die Dich stresst oder Dich negativ beeinflusst, kann es schwierig sein, positive Veränderungen herbeizuführen. Versuche deshalb, Dein Umfeld zu verändern, indem Du Dich von negativen Menschen oder Situationen trennst und Dich stattdessen von positiven und unterstützenden Menschen umgibst.

Es ist wichtig zu verstehen, dass die Veränderung von negativen Denkmustern und Gewohnheiten ein langer Prozess sein kann. Aber es lohnt sich, sich auf diesen Prozess einzulassen und kontinuierlich an sich selbst zu arbeiten. Mit den richtigen Strategien und einer positiven Einstellung kannst Du Deine negativen Denkmuster und Gewohnheiten überwinden und ein glücklicheres und erfüllteres Leben führen.

Kapitel 8 - Steigerung der emotionalen Intelligenz

Emotionale Intelligenz bezieht sich auf die Fähigkeit, Emotionen in dir selbst und anderen zu erkennen, zu verstehen und zu regulieren. Eine hohe emotionale Intelligenz kann in vielen Bereichen des Lebens von Vorteil sein, einschließlich im zwischenmenschlichen Bereich und im Berufsleben. Hier sind einige Tipps, um deine emotionale Intelligenz zu steigern:

1. Nimm deine Emotionen wahr: Es ist wichtig, sich selbst und deine Emotionen zu beobachten und wahrzunehmen. Wenn du lernst, deine Emotionen zu erkennen und zu verstehen, kannst du besser auf sie reagieren.

2. Verstehe die Emotionen anderer: Versuche, die Emotionen anderer Menschen zu erkennen und zu verstehen. Sei aufmerksam für verbale und nonverbale Signale und versuche, die Perspektive der anderen Person zu verstehen.

3. Sei empathisch: Empathie bedeutet, sich in die Lage einer anderen Person zu versetzen und deren Emotionen zu verstehen. Wenn du empathisch bist, kannst du besser auf die Bedürfnisse anderer eingehen und bessere zwischenmenschliche Beziehungen aufbauen.

4. Verwende eine angemessene Sprache: Eine klare, angemessene und respektvolle Sprache ist ein wichtiger Bestandteil der emotionalen Intelligenz. Achte darauf, wie du mit anderen sprichst und versuche, eine Sprache zu verwenden, die für alle Beteiligten angenehm ist.

5. Nimm dir Zeit für Reflexion: Nimm dir Zeit, um über deine eigenen Emotionen und Reaktionen nachzudenken. Reflektiere darüber, wie du auf Situationen reagierst und wie du deine Emotionen besser regulieren kannst.

6. Arbeite an deinem Selbstbewusstsein: Ein starkes Selbstbewusstsein kann dazu beitragen, dass du in schwierigen Situationen ruhig bleibst und deine Emotionen besser regulieren kannst. Indem du an deinem Selbstbewusstsein arbeitest, kannst du auch besser auf andere eingehen.

7. Nutze kognitive Flexibilität: Kognitive Flexibilität bezieht sich auf die Fähigkeit, zwischen verschiedenen Denkweisen zu wechseln. Wenn du kognitiv flexibel

bist, kannst du Situationen aus verschiedenen Perspektiven betrachten und bessere Entscheidungen treffen.

8. Arbeite an deinem Stressmanagement: Stress kann deine Fähigkeit, deine Emotionen zu regulieren, beeinträchtigen. Indem du an deinem Stressmanagement arbeitest, kannst du deine emotionale Intelligenz verbessern und besser auf Herausforderungen reagieren.

9. Übe Selbstregulierung: Selbstregulierung bezieht sich auf die Fähigkeit, deine eigenen Emotionen zu regulieren. Indem du lernst, deine Emotionen zu kontrollieren, kannst du bessere Entscheidungen treffen und bessere Beziehungen aufbauen.

10. Finde einen Ausgleich zwischen Ratio und Emotionen: Eine hohe emotionale Intelligenz bedeutet nicht, dass man nur auf die Gefühle anderer Rücksicht nimmt und die eigenen Emotionen vollkommen ignoriert.

Du kannst auch gezielt versuchen, deine Fähigkeit zur Selbstreflexion zu verbessern. Nimm dir regelmäßig Zeit, um deine eigenen Gefühle und Gedanken zu analysieren und zu reflektieren. Frage dich zum Beispiel, warum du dich in einer bestimmten Situation auf eine bestimmte Weise verhalten hast oder wie du dich in einer ähnlichen Situation in Zukunft anders verhalten kannst.

Eine weitere Möglichkeit, deine emotionale Intelligenz zu steigern, ist das Üben von Empathie. Versuche, dich in die Perspektive anderer Menschen hineinzuversetzen und ihre Gedanken und Gefühle nachzuvollziehen. Dies kann helfen, deine Beziehungen zu anderen Menschen zu verbessern und Konflikte zu lösen.

Ein weiterer wichtiger Aspekt der emotionalen Intelligenz ist die Fähigkeit, Emotionen bei anderen Menschen zu erkennen und angemessen darauf zu reagieren. Achte daher auf Körpersprache, Mimik und Gestik anderer Menschen, um Hinweise auf ihre emotionalen Zustände zu erhalten. So kannst du auf ihre Bedürfnisse und Emotionen eingehen und ihnen bei Bedarf Hilfe und Unterstützung anbieten.

Zusammenfassend gibt es viele Möglichkeiten, um deine emotionale Intelligenz zu steigern. Indem du dich bewusst mit deinen eigenen Emotionen auseinandersetzt, Empathie übst und darauf achtest, was andere Menschen ausdrücken, kannst du deine zwischenmenschlichen Beziehungen verbessern und ein erfüllteres Leben führen.

Kapitel 9 - Förderung von Dankbarkeit, positiver Einstellung und Achtsamkeit

Eine positive Einstellung und Dankbarkeit sind wichtige Faktoren für eine erfolgreiche Persönlichkeitsentwicklung. Es gibt viele Techniken, mit denen du deine Dankbarkeit und positive Einstellung fördern kannst.

Eine Möglichkeit ist es, ein Dankbarkeitstagebuch zu führen. Schreibe jeden Tag drei Dinge auf, für die du dankbar bist. Diese können auch kleine Dinge des Alltags sein, wie eine Tasse Tee am Morgen oder ein nettes Gespräch mit einem Freund. Indem du dich bewusst auf die positiven Dinge in deinem Leben konzentrierst, kann sich deine Einstellung zum Leben insgesamt verbessern.

Achtsamkeit ist eine weitere wichtige Technik, um deine Persönlichkeitsentwicklung zu fördern. Indem du dich auf den gegenwärtigen Moment konzentrierst und deine Gedanken und Gefühle bewusst wahrnimmst, kannst du dich besser auf deine Ziele und Bedürfnisse konzentrieren. Eine einfache Achtsamkeitsübung ist es, für einige Minuten bewusst zu atmen und sich auf den Atemfluss zu konzentrieren. Dadurch kannst du deinen Geist beruhigen und dich auf das Wesentliche konzentrieren.

Eine weitere Technik, um deine positive Einstellung zu fördern, ist die Verwendung von positiven Affirmationen. Wiederhole dir selbst positive Sätze, wie zum Beispiel "Ich bin stark und selbstbewusst" oder "Ich bin in der Lage, meine Ziele zu erreichen". Indem du diese Sätze regelmäßig wiederholst, kannst du deine innere Einstellung verbessern und dich auf positive Ziele fokussieren.

Zusammenfassend gibt es viele Techniken, mit denen du deine Dankbarkeit, positive Einstellung und Achtsamkeit fördern kannst. Indem du dich auf die positiven Aspekte deines Lebens konzentrierst, Achtsamkeit übst und positive Affirmationen wiederholst, kannst du deine Persönlichkeit verbessern und ein erfüllteres Leben führen.

Kapitel 10 - Stressmanagement und Entspannungstechniken

Stress kann im Alltag sehr belastend sein und beeinträchtigt unsere Gesundheit und unser Wohlbefinden. In diesem Kapitel erfährst du, wie du Stress effektiv managen und deine Entspannungsfähigkeiten verbessern kannst.

Verstehe die Auswirkungen von Stress auf Körper und Geist

Stress kann zu verschiedenen körperlichen und psychischen Symptomen führen, wie zum Beispiel Schlafstörungen, Kopfschmerzen, Angst und Depressionen. Es ist wichtig zu verstehen, wie sich Stress auf dich auswirkt, um angemessen darauf reagieren zu können.

Identifiziere deine individuellen Stressoren

Jeder Mensch hat unterschiedliche Stressauslöser. Einige Menschen fühlen sich beispielsweise gestresst durch Zeitdruck, während andere sich gestresst fühlen, wenn sie sich mit vielen Menschen umgeben. Identifiziere deine individuellen Stressoren, um besser mit ihnen umgehen zu können.

Lerne verschiedene Entspannungstechniken kennen

Es gibt viele verschiedene Techniken zur Stressbewältigung, wie zum Beispiel Yoga, Meditation, autogenes Training oder progressive Muskelentspannung. Erforsche verschiedene Techniken und finde diejenige, die am besten zu dir passt.

Mache regelmäßig Entspannungsübungen

Es reicht nicht aus, nur ab und zu Entspannungsübungen zu machen. Um langfristig stressresistenter zu werden, solltest du regelmäßig Zeit für Entspannungsübungen einplanen. Versuche, täglich mindestens zehn Minuten Zeit für dich zu nehmen und dich zu entspannen.

Verbinde dich mit der Natur

Die Natur kann eine beruhigende Wirkung auf unseren Geist und Körper haben. Versuche daher, regelmäßig Zeit in der Natur zu verbringen, sei es beim Spazierengehen, Joggen oder einfach nur bei einem Waldspaziergang.

Nimm dir Zeit für dich selbst

Nimm dir bewusst Zeit für dich selbst und tue Dinge, die dir Freude bereiten und dir helfen, dich zu entspannen. Dies kann beispielsweise Lesen, Malen, Musik hören oder ein Bad nehmen sein.

Vermeide übermäßigen Konsum von Stimulanzien

Zu viel Koffein oder Alkohol können unseren Körper und Geist zusätzlich belasten. Versuche daher, deinen Konsum von Stimulanzien zu reduzieren, um deine Stressbelastung zu minimieren.

Indem du deine Stressmanagementfähigkeiten und Entspannungstechniken verbesserst, wirst du in der Lage sein, Stress effektiver zu bewältigen und dein Wohlbefinden zu steigern.

Kapitel 11 - Zeitmanagement und Priorisierung von Aufgaben

Du kennst das sicherlich: Dein Tag hat 24 Stunden, aber irgendwie scheint das nie auszureichen, um all die Aufgaben zu erledigen, die du erledigen möchtest oder musst. Das kann schnell zu Stress führen und dich von deinen Zielen und Träumen abhalten. Deshalb ist es wichtig, dass du dein Zeitmanagement verbesserst und lernst, deine Aufgaben zu priorisieren.

Eine effektive Methode, um dein Zeitmanagement zu verbessern, ist die sogenannte Eisenhower-Matrix. Diese Methode basiert auf der Idee, dass es einen Unterschied gibt zwischen dem, was wichtig ist, und dem, was dringend ist. Die Matrix teilt deine Aufgaben in vier Kategorien ein: Wichtig und Dringend, Wichtig und Nicht-Dringend, Nicht-Wichtig und Dringend, Nicht-Wichtig und Nicht-Dringend. Dadurch kannst du deine Aufgaben besser priorisieren und dich auf die wichtigen und dringenden Aufgaben konzentrieren.

Neben der Eisenhower-Matrix gibt es noch weitere Techniken, die dir helfen können, deine Zeit besser zu managen. Dazu gehören beispielsweise die Pomodoro-Technik, die 80/20-Regel oder die ABC-Analyse. Jede dieser Techniken hat ihre eigenen Vor- und Nachteile, deshalb solltest du ausprobieren, welche Technik am besten zu dir und deinen Bedürfnissen passt.

Ein weiterer wichtiger Aspekt des Zeitmanagements ist die Priorisierung von Aufgaben. Es ist wichtig, dass du lernst, Aufgaben nach ihrer Priorität zu sortieren und dich auf die wichtigen und dringenden Aufgaben zu konzentrieren. Dabei solltest du auch lernen, Aufgaben abzulehnen oder zu delegieren, die nicht so wichtig sind oder für die du nicht die richtige Person bist. So kannst du sicherstellen, dass du deine Zeit effektiver nutzt und dich auf die Dinge konzentrierst, die wirklich wichtig sind.

Neben dem Zeitmanagement ist es auch wichtig, dass du Zeit für Entspannung und Erholung einplanst. Stress kann schnell zu Burnout führen und deine Produktivität und Kreativität beeinträchtigen. Deshalb solltest du lernen, Entspannungstechniken wie Yoga, Meditation oder Autogenes Training zu nutzen, um deinen Körper und Geist zu entspannen und wieder Energie zu tanken.

Insgesamt geht es beim Zeitmanagement und der Priorisierung von Aufgaben darum, deine Zeit effektiver zu nutzen und dich auf die Dinge zu konzentrieren, die wirklich wichtig sind. Indem du dich auf die richtigen Aufgaben konzentrierst und Zeit für Entspannung und Erholung einplanst, kannst du deine Produktivität steigern und gleichzeitig Stress und Burnout vermeiden.

Kapitel 12 - Verbesserung der zwischenmenschlichen Beziehungen

Wenn es um persönliches Wachstum geht, kann die Verbesserung unserer Beziehungen zu anderen Menschen ein wichtiger Faktor sein. Denn egal ob in der Familie, im Freundeskreis oder am Arbeitsplatz, Beziehungen sind ein grundlegender Bestandteil unseres Lebens. Wenn wir lernen, unsere Beziehungen zu stärken und zu verbessern, können wir mehr Freude, Glück und Erfolg in unserem Leben erfahren.

Hier sind einige Tipps, die dir dabei helfen können, deine zwischenmenschlichen Beziehungen zu verbessern:

1. Zeige Interesse an anderen Menschen: Echte Beziehungen beginnen mit Interesse. Wenn du dich für andere Menschen interessierst, zeigst du, dass du sie respektierst und ihnen wichtig bist. Stelle Fragen, höre aktiv zu und sei präsent, wenn du mit anderen interagierst.

2. Sei offen und ehrlich: Offenheit und Ehrlichkeit sind wichtige Grundlagen für jede Beziehung. Wenn du dich öffnest und ehrlich über deine Gefühle und Bedürfnisse sprichst, können andere dir besser helfen und dich unterstützen.

3. Setze klare Grenzen: Grenzen setzen ist wichtig, um eine gesunde Beziehung zu schaffen. Wenn du deine Grenzen kennst und anderen Menschen deutlich machst, was für dich in Ordnung ist und was nicht, wird dies dazu beitragen, dass ihr euch besser versteht und respektiert.

4. Vermeide Gossip und Klatsch: Klatsch und Tratsch können Beziehungen schnell zerstören. Wenn du Klatsch oder negative Gerüchte verbreitest, wird dies das Vertrauen in deine Beziehung untergraben. Stattdessen solltest du positive Gespräche führen und dich darauf konzentrieren, das Gute in anderen Menschen zu sehen.

5. Vergebung und Verständnis: Keine Beziehung ist perfekt. Konflikte und Meinungsverschiedenheiten können auftreten, aber es ist wichtig zu lernen, wie man verzeiht und versteht. Wenn du bereit bist, Verständnis und Vergebung zu zeigen, kann dies helfen, eine Beziehung zu stärken und zu vertiefen.

6. Kommunikation und Kompromisse: Eine offene Kommunikation und Kompromisse sind unverzichtbare Bestandteile einer erfolgreichen Beziehung. Es ist wichtig, dass du deine Bedürfnisse und Erwartungen ausdrückst und gleichzeitig bereit bist, auf die Bedürfnisse anderer einzugehen.

7. Investiere Zeit und Energie: Beziehungen benötigen Zeit und Energie, um zu wachsen und sich zu entwickeln. Wenn du in deine Beziehungen investierst, indem du Zeit mit anderen verbringst, dich aktiv beteiligst und dich bemühst,

deinen Teil beizutragen, wird dies helfen, eine starke und erfolgreiche Beziehung aufzubauen.

Kapitel 13 - Kreativität und Selbstverwirklichung

Kreativität und Selbstverwirklichung sind wichtige Aspekte der Persönlichkeitsentwicklung. Sie helfen dir, deine individuellen Talente und Leidenschaften zu entdecken und zu entfalten, was letztendlich zu einem erfüllten Leben beitragen kann.

Eine Möglichkeit, deine Kreativität zu fördern, ist es, neue Dinge auszuprobieren. Vielleicht möchtest du ein neues Hobby beginnen, wie zum Beispiel Zeichnen, Schreiben oder Tanzen. Oder du könntest eine neue Sprache lernen oder ein Musikinstrument spielen. Der Schlüssel ist, etwas zu finden, das dich begeistert und dich dazu bringt, dich voll und ganz in den Moment zu vertiefen.

Kreativität erfordert auch Zeit und Raum, um Ideen zu entwickeln. Wenn du dich ständig gestresst und überwältigt fühlst, kann es schwierig sein, deine kreativen Gedanken zu entfalten. Deshalb ist es wichtig, Zeit in deinem Zeitplan für kreative Aktivitäten zu reservieren und sicherzustellen, dass du genügend Ruhe und Entspannung bekommst.

Selbstverwirklichung bedeutet, deine eigenen Ziele und Träume zu verfolgen und das Leben zu leben, das du dir wünschst. Es geht darum, authentisch zu sein und deinen eigenen Weg zu finden, anstatt das zu tun, was andere von dir erwarten. Dies kann bedeuten, dass du dein Leben radikal veränderst, um deinen Leidenschaften zu folgen, oder dass du kleinere Anpassungen vornimmst, um deinen Alltag erfüllender zu gestalten.

Ein wichtiger Schritt zur Selbstverwirklichung ist es, deine Stärken und Schwächen zu kennen. Dies kann dir helfen, realistische Ziele zu setzen und dich auf Bereiche zu konzentrieren, in denen du wirklich erfolgreich sein kannst. Wenn du dich unsicher fühlst, solltest du dich von deinen Freunden und Familie unterstützen lassen oder dich an einen Coach oder Therapeuten wenden.

Es ist auch wichtig, dass du deine Träume visualisierst und dir vorstellst, wie es wäre, sie zu erreichen. Auf diese Weise kannst du ein klares Bild davon bekommen, was du erreichen willst und dich motivieren, hart zu arbeiten, um dorthin zu gelangen. Es ist jedoch auch wichtig, flexibel zu bleiben und bereit zu sein, sich anzupassen, wenn sich deine Träume oder Umstände ändern. Letztendlich geht es bei Kreativität und Selbstverwirklichung darum, dich zu erlauben, du selbst zu sein und dein volles Potenzial auszuschöpfen. Indem du dich auf diese Aspekte der Persönlichkeitsentwicklung konzentrierst, kannst du dein Leben mit Bedeutung und Freude füllen. Also lass dich inspirieren und fange an, dein bestes Selbst zu werden!

Kapitel 14 - Entwicklung von mentaler Stärke und Widerstandsfähigkeit

Mentale Stärke und Widerstandsfähigkeit sind entscheidende Eigenschaften, um Herausforderungen und Schwierigkeiten des Lebens zu meistern. Im Laufe deines Lebens wirst du auf viele Herausforderungen stoßen, die dich mental und emotional belasten können. Es ist daher wichtig, dass du lernst, wie du deine mentale Stärke und Widerstandsfähigkeit verbessern und aufrechterhalten kannst. Ein erster Schritt zur Verbesserung deiner mentalen Stärke und Widerstandsfähigkeit ist die Auseinandersetzung mit deinen Ängsten und Sorgen. Es ist normal, dass du Ängste und Sorgen hast, aber es ist wichtig, dass du dich diesen Gefühlen stellst, anstatt sie zu ignorieren oder zu verdrängen. Indem du dich deinen Ängsten und Sorgen stellst, kannst du lernen, wie du mit ihnen umgehen und sie überwinden kannst.

Ein weiterer wichtiger Aspekt der mentalen Stärke und Widerstandsfähigkeit ist die Fähigkeit, dich an unvorhergesehene Situationen anzupassen. Das Leben ist voller Überraschungen, und es ist wichtig, dass du flexibel bist und bereit bist, dich an neue Situationen anzupassen. Indem du lernst, flexibel zu sein, kannst du besser auf Veränderungen reagieren und dich schneller erholen, wenn du mit Schwierigkeiten konfrontiert wirst.

Eine weitere wichtige Fähigkeit, die du entwickeln musst, um deine mentale Stärke und Widerstandsfähigkeit zu verbessern, ist die Fähigkeit, auf deine eigenen Bedürfnisse und Grenzen zu achten. Es ist wichtig, dass du lernst, "Nein" zu sagen, wenn du etwas nicht tun möchtest oder wenn du etwas nicht tun kannst. Indem du deine Grenzen respektierst und dich selbst schützt, kannst du deine Energie und Kraft erhalten und somit besser mit Stress und Belastungen umgehen. Darüber hinaus ist es wichtig, dass du lernst, wie du deine Gedanken und Gefühle positiv beeinflussen kannst. Negative Gedanken und Gefühle können dich schwächen und deine mentale Stärke und Widerstandsfähigkeit beeinträchtigen.

Indem du lernst, wie du deine Gedanken und Gefühle kontrollieren und beeinflussen kannst, kannst du deine mentale Stärke und Widerstandsfähigkeit verbessern und somit besser mit den Herausforderungen des Lebens umgehen. Zusätzlich kannst du deine mentale Stärke und Widerstandsfähigkeit durch regelmäßige körperliche Aktivität und eine gesunde Ernährung verbessern.

Körperliche Aktivität und eine gesunde Ernährung können dazu beitragen, dass dein Körper und dein Geist gesund und stark bleiben. Wenn dein Körper und dein Geist gesund und stark sind, kannst du besser mit Stress und Belastungen umgehen und deine mentale Stärke und Widerstandsfähigkeit verbessern.Du lernst, dass mentale Stärke auch Widerstandsfähigkeit bedeutet. Das bedeutet, dass du die Fähigkeit hast, Herausforderungen und Schwierigkeiten zu überwinden, ohne dass es zu einer negativen Auswirkung auf deine Gesundheit oder dein Wohlbefinden kommt. Eine solide mentale Stärke gibt dir die Kraft, mit

Stress umzugehen und dich auf deine Ziele zu konzentrieren, anstatt dich von den Widrigkeiten des Lebens überwältigen zu lassen.

Eine Möglichkeit, deine mentale Stärke zu entwickeln, ist es, dich bewusst an schwierige Situationen zu wagen, die deine Komfortzone verlassen. Indem du dich selbst herausforderst und dich der Angst vor dem Unbekannten stellst, wirst du lernen, dass du viel mehr erreichen kannst, als du dachtest. Du wirst anfangen, dich selbst als widerstandsfähiger und stärker zu sehen, und wirst dir mehr zutrauen.

Eine weitere Möglichkeit, deine mentale Stärke zu entwickeln, ist es, deine Gedanken zu kontrollieren. Wenn du eine positive Denkweise pflegst und dich auf das Positive in deinem Leben konzentrierst, wirst du ein besseres Selbstbild haben und die Herausforderungen des Lebens besser meistern. Indem du negative Gedanken durch positive ersetzt, wirst du lernen, dass du dein Denken kontrollieren und somit auch deine Gefühle beeinflussen kannst.

Um deine mentale Stärke weiter zu verbessern, kannst du auch lernen, im Moment zu leben und dich auf das Hier und Jetzt zu konzentrieren. Indem du achtsam bist und deine Aufmerksamkeit auf das richtest, was du gerade tust, wirst du weniger von Angst und Sorgen überwältigt. Stattdessen wirst du dich auf die Aufgabe vor dir konzentrieren und die Freude am Tun empfinden.

Eine weitere Möglichkeit, deine mentale Stärke zu stärken, besteht darin, Selbstreflexion und Selbstbewusstsein zu entwickeln. Indem du deine Emotionen und Gedanken besser verstehst, wirst du in der Lage sein, deine Verhaltensweisen zu kontrollieren und konstruktiver zu reagieren. Du wirst lernen, wie du dich selbst motivieren und deine Ziele erreichen kannst.

Zusammenfassend ist die Entwicklung von mentaler Stärke und Widerstandsfähigkeit ein wichtiger Teil der Persönlichkeitsentwicklung. Indem du dich selbst herausforderst, deine Gedanken kontrollierst, achtsam bist und Selbstreflexion praktizierst, wirst du lernen, Herausforderungen zu überwinden und ein erfolgreiches und erfülltes Leben zu führen.

Kapitel 15 - Bewältigung von Rückschlägen und Fehlern

Es gibt im Leben Situationen, in denen wir Rückschläge und Niederlagen erleiden müssen. Auch Fehler gehören dazu. Doch das bedeutet nicht, dass wir uns davon unterkriegen lassen müssen. Die Fähigkeit, Rückschläge zu verkraften und aus Fehlern zu lernen, ist ein wichtiger Bestandteil der Persönlichkeitsentwicklung und kann uns helfen, uns weiterzuentwickeln und unsere Ziele zu erreichen.

Um mit Rückschlägen und Fehlern umgehen zu können, ist es wichtig, eine positive Einstellung zu entwickeln. Anstatt uns von negativen Gedanken und Emotionen überwältigen zu lassen, sollten wir versuchen, das Positive in der Situation zu finden und uns auf die Lösung des Problems zu konzentrieren. Wir können uns fragen: "Was kann ich aus dieser Erfahrung lernen? Wie kann ich in Zukunft anders handeln?"

Es ist auch wichtig, sich selbst nicht zu sehr unter Druck zu setzen. Es ist menschlich, Fehler zu machen, und es gibt immer eine Möglichkeit, daraus zu lernen und sich weiterzuentwickeln. Wir sollten uns selbst erlauben, Fehler zu machen und uns nicht von ihnen entmutigen lassen.

Eine weitere wichtige Strategie zur Bewältigung von Rückschlägen und Fehlern ist die Entwicklung von Resilienz. Resilienz bedeutet, dass wir in der Lage sind, uns von Niederlagen zu erholen und gestärkt daraus hervorzugehen. Dazu gehört auch die Fähigkeit, Herausforderungen anzunehmen und sich ihnen zu stellen, anstatt ihnen aus dem Weg zu gehen.

Eine Möglichkeit, unsere Resilienz zu stärken, ist regelmäßige körperliche Bewegung und gesunde Ernährung. Auch Entspannungstechniken wie Meditation oder Yoga können helfen, Stress abzubauen und uns emotional widerstandsfähiger zu machen.

Zudem können wir uns umgeben mit Menschen, die uns unterstützen und uns helfen, unsere Ziele zu erreichen. Familie, Freunde oder Mentorinnen und Mentoren können uns aufbauen und uns dabei helfen, die Perspektive zu behalten. Schließlich sollten wir uns bewusst machen, dass es nicht darauf ankommt, wie oft wir scheitern, sondern wie oft wir wieder aufstehen. Es gibt zahlreiche Beispiele von erfolgreichen Menschen, die mehrere Rückschläge und Fehlschläge erlebt haben, bevor sie ihren Durchbruch hatten. Wir sollten uns daran erinnern, dass Rückschläge und Fehler Teil des Lebens sind und uns nicht davon abhalten sollten, unsere Träume zu verfolgen und unser volles Potenzial zu entfalten.

Ich hoffe, diese Tipps helfen dir dabei, Rückschläge und Fehler besser zu bewältigen und gestärkt daraus hervorzugehen. Denke daran, dass du nicht allein bist und dass es immer eine Möglichkeit gibt, aus jeder Situation zu lernen und zu wachsen.

Kapitel 16 - Umsetzung erlernten Verhaltens in den Alltag und kontinuierliche Weiterentwicklung

Herzlichen Glückwunsch, Du hast bereits viel Wissen und Fähigkeiten erworben, um Deine Persönlichkeit zu entwickeln. Die verschiedenen Themen, die wir besprochen haben, können Dir dabei helfen, Deine Ziele zu erreichen und eine glücklichere, erfülltere Version von Dir selbst zu werden. Doch das Erwerben von Wissen allein reicht nicht aus, um eine Veränderung in Deinem Leben zu bewirken. Es ist wichtig, das Erlernte in Deinem Alltag umzusetzen und kontinuierlich an Deiner persönlichen Entwicklung zu arbeiten.

Der erste Schritt ist, dass Du Dir realistische Ziele setzt. Frage Dich, welche Aspekte Deiner Persönlichkeit Du weiterentwickeln möchtest und wie Du das erreichen kannst. Plane konkrete Schritte, die Du unternehmen wirst, um Dein Ziel zu erreichen. Lege fest, wann Du diese Schritte umsetzen willst und wie Du Deine Fortschritte messen wirst.

Es ist auch wichtig, dass Du Dir Zeit für Dich selbst nimmst, um über Deine Fortschritte nachzudenken und zu reflektieren. Nimm Dir regelmäßig Zeit, um zu überlegen, was Du erreicht hast, was Du noch verbessern möchtest und welche Herausforderungen Du bewältigen musst.

Eine weitere wichtige Strategie ist, dass Du Dich von positiven Vorbildern inspirieren lässt. Suche nach Personen, die die Fähigkeiten und Eigenschaften verkörpern, die Du erwerben möchtest. Lies über sie, schaue Dir Videos von ihnen an und beobachte, wie sie in verschiedenen Situationen agieren. Nimm Dir auch Zeit, um Dich mit Menschen auszutauschen, die ähnliche Ziele haben wie Du. Austausch und Feedback von anderen Menschen können eine unschätzbare Quelle für Motivation und Inspiration sein.

Es ist auch wichtig, dass Du Dich nicht auf Deinen Erfolgen ausruhst, sondern kontinuierlich an Deiner Persönlichkeitsentwicklung arbeitest. Setze Dir regelmäßig neue Ziele und überlege, welche Schritte Du unternehmen kannst, um Dein Ziel zu erreichen. Reflektiere regelmäßig über Deine Fortschritte und überlege, was Du noch verbessern kannst.

Und schließlich sei geduldig und bleibe dran. Persönlichkeitsentwicklung ist ein kontinuierlicher Prozess, der Zeit, Mühe und Geduld erfordert. Gib Dir Zeit, um Fortschritte zu machen, und sei geduldig mit Dir selbst, wenn es Rückschläge gibt. Arbeite kontinuierlich an Deiner persönlichen Entwicklung und sei stolz auf Dich für das, was Du bereits erreicht hast.

Zusammenfassend lässt sich sagen, dass die Umsetzung des Erlernten in den Alltag und die kontinuierliche Weiterentwicklung der Schlüssel zur Persönlichkeitsentwicklung sind. Setze Dir realistische Ziele, reflektiere regelmäßig über Deine Fortschritte und lass Dich von positiven Vorbildern inspirieren. Sei geduldig mit Dir selbst und arbeite kontinuierlich an Deiner persönlichen Entwicklung, um das Erlernte aus den vorherigen Kapiteln erfolgreich in den Alltag zu integrieren, solltest du darauf achten, dass du dich Schritt für Schritt verbesserst. Veränderungen passieren nicht über Nacht, und es ist wichtig, realistische Erwartungen an dich selbst zu haben. Eine kontinuierliche, aber auch behutsame Verbesserung deines Verhaltens wird dir auf lange Sicht mehr bringen als eine radikale Veränderung, die du nicht aufrechterhalten kannst.

Beginne damit, kleine Schritte zu unternehmen. Anstatt dich selbst zu überfordern, indem du versuchst, alles auf einmal zu ändern, konzentriere dich auf eine Veränderung, die du anstrebst. Wenn du zum Beispiel Schwierigkeiten hast, negative Gedankenmuster loszulassen, könntest du dir zunächst nur vornehmen, jeden Tag eine positive Sache zu identifizieren. Oder wenn du versuchst, achtsamer zu sein, könntest du dir vornehmen, einmal am Tag bewusst tief ein- und auszuatmen.

Wenn du den Schritt der Umsetzung im Alltag geschafft hast, belohne dich selbst dafür. Du hast hart gearbeitet, um eine Veränderung zu erreichen, und du verdienst es, dich darüber zu freuen und stolz auf dich zu sein. Eine Belohnung könnte so einfach sein wie eine Tasse Tee, ein Spaziergang oder das Lesen eines Buches, das du schon lange lesen wolltest.

Vergiss jedoch nicht, dass es wichtig ist, ständig an dir zu arbeiten und dich weiterzuentwickeln. Selbst wenn du eine Veränderung erreicht hast, gibt es immer Raum für weitere Verbesserungen und Verfeinerungen. Wenn du zum Beispiel gelernt hast, wie man achtsamer lebt, könntest du darüber nachdenken, wie du diese Praktiken noch weiter vertiefen oder in anderen Bereichen deines Lebens anwenden könntest.

Eine Möglichkeit, um kontinuierlich an dir zu arbeiten, ist das Festhalten deiner Fortschritte. Nimm dir regelmäßig Zeit, um über die Veränderungen nachzudenken, die du in deinem Leben vorgenommen hast, und schreibe sie auf. Auf diese Weise kannst du auf deine Fortschritte zurückblicken, wenn du in schwierigen Zeiten Motivation benötigst, und erkennen, wie weit du schon gekommen bist.

Zusammenfassend ist es wichtig, dass du Schritt für Schritt arbeitest, realistische Erwartungen an dich selbst hast und dich belohnst, wenn du Fortschritte machst. Vergiss nicht, dass die Veränderung ein ständiger Prozess ist, und du dich immer weiterentwickeln und verbessern kannst.

Schlusswort

Liebe Leserin, lieber Leser,
herzlichen Dank für den Kauf dieses Buches über Persönlichkeitsentwicklung. Ich hoffe, dass es dir hilfreiche und inspirierende Impulse für deine eigene Entwicklung gegeben hat.

In den verschiedenen Kapiteln haben wir uns mit verschiedenen Themen auseinandergesetzt, die alle eine Rolle bei der Gestaltung und Verbesserung unseres Lebens spielen können.
Wir haben uns damit beschäftigt, wie du deine Persönlichkeit weiterentwickeln, Ängste und Unsicherheiten überwinden, Selbstbewusstsein und Selbstvertrauen aufbauen, Empathie und soziale Kompetenz fördern, negative Denkmuster und Gewohnheiten verändern, die emotionale Intelligenz steigern sowie Dankbarkeit, eine positive Einstellung und Achtsamkeit in dein Leben integrieren kannst.

Das wichtigste bei all diesen Themen ist jedoch, dass du die Erkenntnisse und Techniken nicht nur liest, sondern auch aktiv in dein Leben integrierst. Nur so wirst du die Veränderungen und Verbesserungen in deiner Persönlichkeit und deinem Leben sehen und spüren.

Ich wünsche dir viel Erfolg auf deinem Weg zur persönlichen Entwicklung und hoffe, dass dich dieses Buch dabei unterstützen konnte.

Herzliche Grüße,

Yannik

www.ingramcontent.com/pod-product-compliance
Lightning Source LLC
Chambersburg PA
CBHW071149220526
45467CB00015B/2141